En la época de...

Susan B. Anthony
y el movimiento por los derechos de la mujer

Heinemann Library
Chicago, Illinois

Designed by Kimberly R. Miracle and Betsy Wernert.
Translation into Spanish produced by DoubleO Publishing Services
Printed in China by South China Printing.

11 10 09 08
10 9 8 7 6 5 4 3 2 1

ISBN 13: 978-1-4329-0588-0 (hb)   978-1-4329-0596-5 (pb)
ISBN 10: 1-4329-0588-0 (hb)   1-4329-0596-1 (pb)

Library of Congress Cataloging-in-Publication Data
DeGezelle, Terri, 1955-
  [Susan B. Anthony and the women's movement. Spanish]
  Susan B. Anthony y el movimiento por los derechos de la mujer / [Terri DeGezelle].
     p. cm. -- (En la epoca de)
  ISBN 978-1-4329-0588-0 (hb) -- ISBN 978-1-4329-0596-5 (pb)
  1. Anthony, Susan B. (Susan Brownell), 1820-1906. 2. Feminists--United States--Biography. 3. Suffragists--United States--Biography. 4. Women's rights--United States--History. I. Title.
  HQ1413.A55D4418 2008
  305.42092--dc22
  [B]
                                        2007040242

Acknowledgments
The author and publishers are grateful to the following for permission to reproduce copyright material: **p. 4** Corbis/ Bettmann, **p. 5** Corbis/Bettmann, **p. 6** Corbis, **p. 7** Library of Congress, **p. 8** Corbis/Bettmann, **p. 9** Corbis/Photo Images/Lee Snider, **p. 10** North Wind Picture Archives, **p. 11** The Granger Collection, New York, **p. 12** Corbis, **p. 13** GettyImages/MPI, **p. 14** Corbis/Bettmann, **p. 15** Library of Congress, **p. 16** Corbis/Bettmann, **p. 17** The Bridgeman Art Library/© Collection of the New-York Historical Society, p. 18 Corbis/Bettmann, **p. 19** Library of Congress, **p. 20** Getty Images/Stock Montage, **p. 21** Corbis/Bettmann, **p. 22** Corbis/Bettmann, **p. 23** Corbis/Bettmann, **p. 24** The Bridgeman Art Library/©Schlesinger Library, Radcliffe Institute, Harvard University, **p. 25** Corbis/Bettmann, **p. 26** Corbis, **p. 27** Getty Images/MPI.

Cover photograph of engraving of Susan B. Anthony reproduced with permission of Corbis. Cover photograph of suffragettes in New York reproduced with permission of the Library of Congress/George Grantham Bain Collection.

The author dedicates this book to Kathleen Longenecker.

Every effort has been made to contact copyright holders of any material reproduced in this book. Any omissions will be rectified in subsequent printings if notice is given to the publisher.

Contenido

Algunas palabras aparecen en negrita, **como éstas.** Puedes averiguar su significado consultando el glosario.

Conoce a Susan B. Anthony

Susan B. Anthony nació el 15 de febrero de 1820. Se crió cuáquera en Adams, Massachusetts. Los cuáqueros son un grupo de gente muy pacífica. De adulta, Susan B. Anthony fue maestra de escuela.

Susan B. Anthony vivió casi toda su vida en Nueva York.

En el siglo XIX, las mujeres no tenían los mismos derechos que los hombres. Las mujeres querían tener los mismos derechos. Se unieron y comenzaron el **movimiento por los derechos de la mujer**, para conseguir la **igualdad de derechos**. Susan B. Anthony ayudó a liderar el movimiento por los derechos de la mujer.

Susan B. Anthony trabajó duro para conseguir la igualdad de derechos.

Derechos para la mujer

Las mujeres no tenían empleos fuera del hogar.

En el pasado, cada miembro de la familia tenía ciertas obligaciones. Las mujeres se quedaban en el hogar y criaban a los niños. Los hombres trabajaban fuera del hogar para hacer dinero. Los hombres tomaban todas las decisiones para la familia.

La ley indicaba que los hombres podían hacer muchas cosas que las mujeres no podían. Los hombres podían votar y ser propietarios de tierras, pero las mujeres no. Ni siquiera tenían los mismos derechos los niños y las niñas. Algunas personas querían cambiar esto.

En algunos lugares, sólo se permitía a los niños ir a la escuela.

Las mujeres se unen

La primera reunión sobre los derechos de la mujer tuvo lugar en Seneca Falls, Nueva York, en 1848. La reunión se celebró durante dos días. Más de 300 personas fueron a hablar acerca de los derechos de la mujer. Cuarenta hombres acudieron a la reunión para mostrar su **apoyo** a las mujeres.

En la mayoría de las reuniones, no se permitía hablar a las mujeres, pero ellas hablaron en la reunión de mujeres de Nueva York.

Durante la reunión, las mujeres hablaron sobre su derecho al voto. Redactaron una **declaración** en la que se decía que las mujeres debían tener derecho al voto. Cerca de 100 mujeres y hombres firmaron la declaración.

En esta casa se redactó la declaración de derechos de la mujer.

El mensaje se propaga

Dos años después, en 1850, la primera **Convención** Nacional de Mujeres tuvo lugar en Worcester, Massachusetts. Worcester era una bulliciosa ciudad en pleno crecimiento. Llegaban viajeros a caballo, en barco o en tren. La gente en Worcester estaba abierta a nuevas ideas.

Mucha gente viajó a la reunión de mujeres en Massachusetts.

Hombres y mujeres comenzaron a reflexionar acerca de los derechos de la mujer.

Más de 1,000 mujeres y hombres de varios estados **asistieron** a la convención. Después de la convención, querían hablarles a otras personas acerca de los derechos de la mujer. La información se propagó con discursos y a través de los periódicos.

Trabajar codo a codo

Frederick Douglass quería los mismos derechos para todos.

Mucha gente trabajó por la **igualdad de derechos** de la mujer. Frederick Douglass había nacido **esclavo**. Se unió a la lucha por los derechos de la mujer. Creía que todos los hombres y las mujeres tenían que tener los mismos derechos.

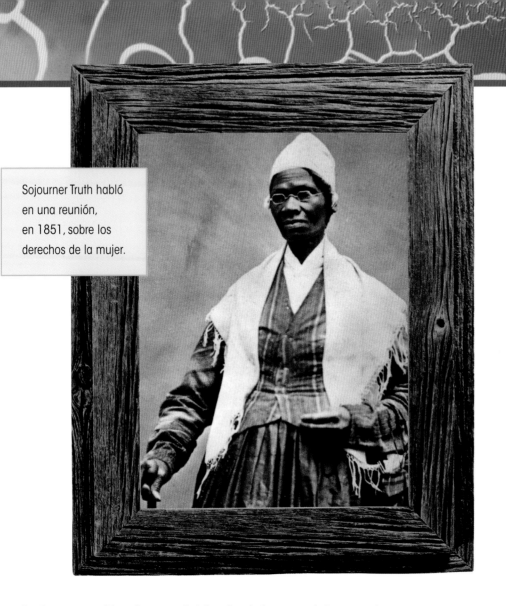

Sojourner Truth habló en una reunión, en 1851, sobre los derechos de la mujer.

Sojourner Truth también había nacido esclava. Cuando alcanzó la libertad, se unió al **movimiento por los derechos de la mujer**. Dijo que las mujeres eran exactamente igual de inteligentes y fuertes que los hombres.

Anthony y Stanton

Susan B. Anthony y Elizabeth Cady Stanton eran buenas amigas. Trabajaron juntas para conseguir los derechos de la mujer. Anthony recorrió miles de millas viajando por los Estados Unidos y por otros países. Dio discursos en reuniones y habló con periodistas.

Susan B. Anthony y Elizabeth Cady Stanton trabajaron juntas por los derechos de la mujer.

La gente leía acerca de los derechos de la mujer en este periódico, que se llamaba *The Revolution*.

Stanton escribió discursos y planeó la siguiente reunión del **movimiento por los derechos de la mujer**. Anthony y Stanton **publicaban** un periódico semanal llamado *The Revolution* (La Revolución). Anthony escribió artículos sobre los derechos de la mujer. Muchas personas leían *The Revolution*.

Muchos se unen

En mayo de 1869, en Nueva York, Anthony y Stanton fundaron un grupo llamado *National Woman Suffrage Association* (Asociación Nacional por el **Sufragio** de la Mujer, NWSA por sus siglas en inglés). El grupo quería que las mujeres pudieran votar. Trabajaron para cambiar la ley que decía que las mujeres no podían votar.

Cada vez más mujeres se unían a la lucha por los derechos de la mujer.

Muchas mujeres trabajaron muy duro por los derechos de la mujer. Algunas personas se burlaban de ellas y las insultaban. A veces, la gente les tiraba cosas. Algunos no querían que las mujeres tuvieran derecho al voto.

Esta caricatura se burla de la lucha por los derechos de la mujer.

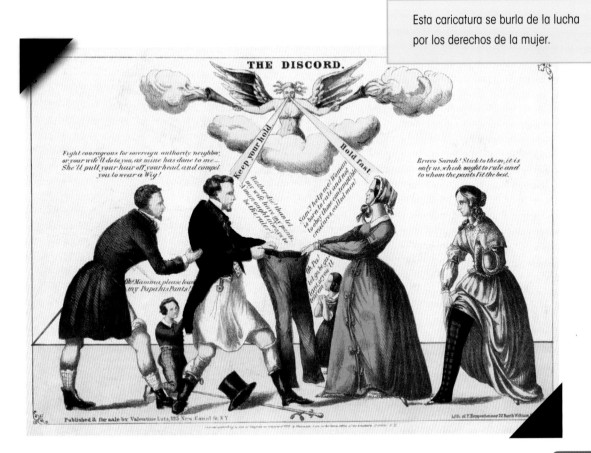

Intentar votar

En 1872, Susan B. Anthony se registró para votar en las elecciones presidenciales. En esa época, era contra la ley que las mujeres votaran. Anthony pensaba que tenía el mismo derecho a votar que los hombres. El 5 de noviembre de 1872, votó, junto con tres de sus hermanas.

En 1872, a las mujeres no les estaba permitido votar en las elecciones presidenciales.

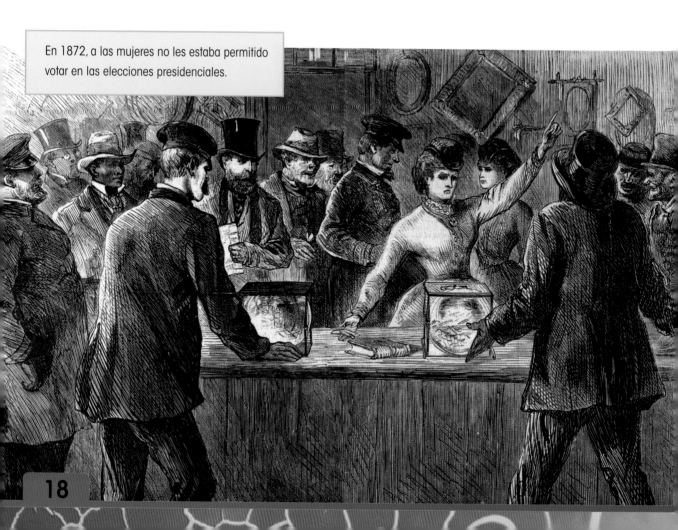

AN
ACCOUNT OF THE PROCEEDINGS
ON THE
TRIAL OF
SUSAN B. ANTHONY,
ON THE
Charge of Illegal Voting,
AT THE
PRESIDENTIAL ELECTION IN NOV., 1872,
AND ON THE
TRIAL OF
BEVERLY W. JONES, EDWIN T. MARSH
AND WILLIAM B. HALL,
THE INSPECTORS OF ELECTION BY WHOM HER VOTE WAS RECEIVED.

ROCHESTER, N. Y.:
DAILY DEMOCRAT AND CHRONICLE BOOK PRINT, 8 WEST MAIN ST.
1874.

Susan B. Anthony recibió una multa de 100 dólares por votar; nunca la pagó.

Casi dos semanas más tarde, Anthony fue **arrestada** por votar. Durante su **juicio**, no se le dio la oportunidad de hablar, porque era mujer. El juez la halló **culpable** de votar. La ley en Nueva York indicaba que las mujeres no podían votar.

Estados diferentes, leyes diferentes

Las primeras mujeres que pudieron votar vivían en los estados del oeste.

La ley era diferente en diferentes lugares de los Estados Unidos. En 1869, el territorio de Wyoming concedió a las mujeres el derecho al voto. En 1893, las mujeres de Colorado pudieron votar. Las mujeres en otros estados también querían votar.

En enero de 1878, la **Enmienda** Anthony fue enviada a los **legisladores**. La Enmienda Anthony decía que las mujeres debían tener derecho al voto. Una enmienda modifica una ley. Los legisladores estudiaron la enmienda, pero no cambiaron la ley.

Las mujeres desfilaban para mostrar que querían el derecho al voto.

Otros se unen a la lucha

Susan B. Anthony y Elizabeth Cady Stanton trabajaron durante 51 años en el **movimiento por los derechos de la mujer**. Pronto, Alice Paul y otras mujeres llegaron a liderar el movimiento por los derechos de la mujer. Pusieron en práctica nuevas ideas para alcanzar el derecho al voto de la mujer.

Miles de personas vieron el desfile por los derechos de la mujer, que tuvo lugar en Nueva York, en 1913.

En 1916, Alice Paul formó un grupo llamado *National Woman's Party* (Partido Nacional de la Mujer, NWP por sus siglas en inglés). Este partido trabajaba a favor de los derechos de la mujer. Las mujeres desfilaban con carteles. Las mujeres **protestaron** frente a la Casa Blanca. La policía **arrestó** a muchas de estas mujeres.

Alice Paul trabajó por los derechos de la mujer.

¡Se cambia la ley!

Cuando se cambió la ley, las mujeres por fin tuvieron el derecho al voto.

El 26 de agosto de 1920, la **Enmienda** Anthony (también llamada la Enmienda 19) se convirtió en ley. Muchas mujeres habían trabajado durante mucho tiempo para obtener su derecho al voto. Setenta y dos años después de la primera **convención**, las mujeres por fin podían votar.

Se siguió trabajando para obtener la igualdad de derechos.

El **movimiento por los derechos de la mujer** no se detuvo después de que la Enmienda Anthony se convirtiera en ley. Las mujeres tenían que enseñar a otras mujeres que votar era importante. Las mujeres trabajaron para apuntar a otras mujeres para que votaran. A las mujeres les quedaba mucho más trabajo por hacer.

Igualdad de derechos para la mujer

Susan B. Anthony murió en Rochester, Nueva York, el 13 de marzo de 1906. Trabajó casi toda su vida para el **movimiento por los derechos de la mujer**. Creía que debía haber **igualdad de derechos** para los hombres y las mujeres. Murió antes de que la mujer alcanzara el derecho al voto.

Después de la muerte de Susan B. Anthony, otras mujeres continuaron su trabajo.

Susan B. Anthony trabajó durante más de 50 años para que las mujeres alcanzaran la igualdad de derechos.

Gracias a los esfuerzos de Susan B. Anthony, las mujeres alcanzaron el derecho al voto. Después de obtenerlo tuvieron que trabajar para conseguir otros derechos. Les llevó mucho tiempo obtener varios de los derechos que los hombres ya tenían.

La vida en aquella época

Si hubieras vivido en la época de Susan B. Anthony...

- Si eras una niña, habrías tenido que llevar vestidos largos. A las niñas no se les permitía llevar pantalones.

- Si eras una niña, en lugar de ir a la escuela habrías aprendido a cocinar y a coser.

- Probablemente, habrías podido comprar un dulce con tan sólo un centavo.

- Probablemente, no habrías usado cepillo de dientes.

- Tal vez habrías probado un hot dog por primera vez. Los hot dogs se inventaron en St. Louis, Missouri, en la década de 1880.

Línea cronológica

1820   Nace Susan B. Anthony.

1848   Tiene lugar la primera reunión sobre los derechos de la mujer en Nueva York.

1850   Tiene lugar la **Convención** Nacional de Mujeres, en Massachusetts.

1869   Susan B. Anthony y Elizabeth Cady Stanton fundan la NWSA.

1872   Susan B. Anthony es **arrestada** en Nueva York por votar.

1878   Se entrega la **Enmienda** Anthony (Enmienda 19) a los **legisladores**.

1906   Muere Susan B. Anthony.

1916   Alice Paul funda el NWP.

1920   La **Enmienda** Anthony (Enmienda 19) se convierte en ley. Se permite votar a las mujeres.

Recursos adicionales

Libros

Ansary, Mir Tamim. *Election Day*. Chicago: Heinemann Library, 2006.

Boothroyd, Jennifer. *Susan B. Anthony: Una vida de igualdad*. Lerner Publishing Group, 2007.

Mattern, Joanne. *Elizabeth Cady Stanton and Susan B. Anthony: Fighting Together for Women's Rights*. New York: Rosen, 2003.

Swain, Gwenyth. *Sojourner Truth*. Minneapolis, MN: Lerner, 2005.

Sitios web en inglés

Congress for Kids – The Right to Vote

http://www.congressforkids.net/Constitution_righttovote.htm

Library of Congress Kids – Amazing Americans

http://www.americaslibrary.gov/cgi-bin/page.cgi/aa/activists/stanton/friends_1

PBS Kids – Women and the Vote

http://pbskids.org/wayback/civilrights/features_suffrage.html

Glosario

apoyar ayudar, contribuir

arrestar llevar a alguien a la cárcel

asistir ir a una reunión o a un lugar

convención reunión de mucha gente

culpable haber hecho algo malo

declaración anuncio escrito

enmienda cambio en una ley

esclavo persona a la que se obligaba a trabajar para otras personas

igualdad de derechos cuando todos pueden hacer las mismas cosas

juicio evento que tiene lugar en un juzgado

legisladores grupo de gente que hace las leyes de un país

movimiento por los derechos de la mujer momento de la historia de los Estados Unidos en que las mujeres trabajaron para obtener los mismos derechos que los hombres, tales como el derecho al voto

protestar cuando la gente muestra su desacuerdo con una acción o una idea

publicar imprimir algo, como un periódico

sufragio voto

Índice